D'après Jim Davis

GARFIELD & Cie

UN ESPION SUR LE DOS

D'après la série télévisée Garfield & Cie,
développée par Philippe Vidal, Robert Réa et Stève Balissat,
adaptée de la bande dessinée de Jim Davis publiée en France par Dargaud.
Une coproduction Dargaud-Media et France 3,
avec la participation du CNC et avec le soutien de la Région Ile-de-France
Histoire originale de Mark Evanier
www.garfield-et-cie.com

Novélisation : Arnaud Huber
Conception graphique : Valérie Gibert et Philippe Sedletzki

Hachette Livre, 43 quai de Grenelle, 75015 Paris.

D'après Jim Davis

Garfield & Cie

Un espion sur le dos

hachette JEUNESSE

LA PARESSE, ÇA CREUSE. CE N'EST DONC PAS DE SA FAUTE SI GARFIELD EST LE CHAT LE PLUS FAINÉANT ET LE PLUS GLOUTON DE L'UNIVERS. D'APRÈS LUI, IL EST AUSSI LE PLUS INTELLIGENT. LA PREUVE ? IL PARLE ! SURTOUT DE LUI. ÇA TOMBE BIEN : IL LUI ARRIVE TELLEMENT D'AVENTURES, QU'IL VALAIT MIEUX QU'IL PUISSE VOUS LES RACONTER...

MOI, GARFIELD

MA DEVISE DANS LA VIE, C'EST "MOI D'ABORD !" ON PEUT LE DIRE, JE SUIS UN GROS ÉGOÏSTE. ENFIN, DISONS QUE JE NE PENSE QU'À MANGER (DES LASAGNES) ET À DORMIR (LE PLUS LONGTEMPS POSSIBLE). POUR ENTRETENIR MON BEAU PELAGE ORANGE RAYÉ NOIR, JE FAIS AUSSI UN PEU D'EXERCICE : JE REGARDE LA TÉLÉVISION… ET MÊME SI AU FOND JE LES AIME BIEN (MAIS NE LE RÉPÉTEZ PAS, J'AI UNE RÉPUTATION DE CHAT MÉCHANT À TENIR), J'ADORE TAQUINER MON MAÎTRE ET SON CHIEN…

JON

CE QUE J'APPRÉCIE CHEZ MON MAÎTRE, C'EST QU'IL EST PLUTÔT CALME. CE QUE J'AIME MOINS, C'EST QU'IL PASSE UN PEU TROP DE TEMPS À LA MAISON. IL VOIT BIEN LIZ, MAIS IL FAUDRAIT QUE ÇA DEVIENNE UN PEU PLUS SÉRIEUX ENTRE EUX POUR AVOIR LA PAIX...

ODIE

SI JE SUIS LE CHAT LE PLUS INTELLIGENT AU MONDE, ODIE EST SANS AUCUN DOUTE LE CHIEN LE MOINS FUTÉ. J'EN PROFITE POUR L'EMBÊTER. QUI AIME BIEN CHÂTIE BIEN ! MAIS SON VRAI PROBLÈME, C'EST QU'IL NE SAIT PAS PARLER. DU COUP, IL PASSE SON TEMPS À FAIRE DES CÂLINS BAVEUX AVEC SA LANGUE. ET ÇA, C'EST DÉGOÛTANT.

LIZ

MON MAÎTRE, JON, EST AMOUREUX DE LIZ. C'EST NOTRE VÉTÉRINAIRE, À MOI ET À ODIE. ELLE EST SYMPA. SAUF QUAND ELLE NOUS FAIT DES PIQÛRES POUR NOS VACCINS. MAIS PARCE QU'ELLE POURRAIT ME DÉBARRASSER DE JON UN PEU PLUS SOUVENT, JE SUIS PRÊT À JOUER LES CHATS MODÈLES POUR LUI PLAIRE...

SQUEAK

LES SOURIS ET MOI, C'EST UNE LONGUE HISTOIRE. JE FAIS SEMBLANT DE LES CHASSER POUR QUE JON CONTINUE DE ME NOURRIR MAIS EN MANGER, BEURK ! MÊME PAS EN RÊVE... IL Y EN A QUAND MÊME UNE QUI VIT À LA MAISON. JE L'AI APPELÉE SQUEAK. C'EST UN BON COPAIN. ET IL EST PRESQUE AUSSI MALIN QUE MOI. J'AI DIT "PRESQUE".

CHAPITRE 1

PAS VU, PAS PRIS

Aujourd'hui, j'ai le droit de prendre mon repas sur la table de la salle à manger. Ce n'est pourtant pas mon anniversaire. Et Jon n'a pas invité Liz à dîner. Mais je sais qu'elle a quelque chose à voir là-dedans…

Dans l'assiette que Jon vient de déposer devant moi, il y a des tagliatelles de concombre et des carottes découpées en forme de frites. Pour la présentation, je mets dix sur dix. Sinon, vous l'aurez compris : Jon veut me mettre au régime.

— Je sais que tu n'aimes pas les légumes, Garfield, mais Liz insiste pour que tu perdes quelques kilos.

Je vous avais bien dit qu'elle était dans le coup !

— Alors, avant de te mettre en colère parce que tu n'as pas tes lasagnes, poursuit Jon, je t'en prie, essaie de comprendre que c'est pour ton bien.

Comme si de rien n'était, je pique une carotte avec ma fourchette et la mange aussi calmement que s'il s'agissait d'une part de pizza. Enfin, pas tout à fait.

S'il y avait une pizza dans mon assiette, je l'aurais déjà terminée.

Jon n'en revient pas.

— Tu es d'accord ? demande-t-il. Tu ne cherches même pas à négocier ? Ou à prendre le frigo en otage comme la dernière fois ?

Toujours aussi calmement, je fais non de la tête et enroule une tagliatelle de concombre autour de ma fourchette.

— Je ne serais pas contre une petite cuillère de vinaigrette, allégée par contre.

— Oh, mais bien sûr, Garfield ! Je vais te chercher ça tout de suite !

Jon n'aurait jamais dû me prévenir qu'il comptait me mettre au régime. La seule partie de mon corps qui soit plus grosse que mon ventre, c'est mon cerveau. Et pour cette première phase d'attaque du régime, mon ÉNORME cerveau a concocté un plan machiavéliquement calorique.

Vite ! Je saute de ma chaise, fonce derrière la porte d'entrée. Cinq, quatre, trois, deux, un :

pile à l'heure ! Le livreur de pizza allait sonner.

J'attrape ma quatre fromages par la chatière, la dévore en moins de temps qu'il ne m'en faut pour analyser le contenu du cerveau d'Odie, soulève à nouveau la chatière et enfourne la boîte dans la bouche du livreur pour qu'il se taise.

Heureusement qu'on peut payer en avance par Internet,

maintenant. D’ici à ce que Jon consulte ses relevés de carte bancaire, j’aurai trouvé une autre ruse.

Et hop ! Retour à table. Pas vu, pas pris !

— Garfield, dit Jon en revenant de la cuisine, je suis fier de toi. Honnêtement, je ne m’attendais pas à ce que tu prennes les choses aussi bien.

Avec un peu plus d’olives dans ma pizza je les aurais encore mieux prises.

— Continue à ce rythme-là et tu les auras vite perdus, ces kilos.

Cause toujours, je digère…

Mais alors que j’ôte discrètement, d’une patte, les quelques miettes de pizza qui ont eu le temps de se glisser entre les poils de mon ventre, Jon interprète mon geste d'une manière qui fait bien mon affaire.

— Oh ! Tu as besoin d'une serviette ? Je vais t'en chercher une tout de suite.

Si seulement Jon pouvait être aussi serviable quand je ne suis pas au régime.

Le *timing* est parfait en tout cas. Le traiteur chinois devrait livrer ma commande de beignets de crevettes dans dix, neuf, huit…

CHAPITRE 2

JE VEUX BIEN UNE PIQÛRE

Ça fait une semaine que Jon m'a mis au régime. Aujourd'hui, il m'emmène chez Liz pour contrôler mon poids. Je n'aurais peut-être pas dû assommer Odie avec la balance… Ça m'aurait évité ce trajet ! En plus, j'aurais très bien pu trafiquer les résultats et rester tranquille devant la télé. Mais cette maudite machine me narguait. J'ai toujours l'impression qu'elle me prend pour un sac de patates !

Allez ! C'est le moment de vérité. Liz me fait monter sur la balance. L'aiguille de la balance monte, monte…

— C'est pire que s'il n'avait pas perdu de poids depuis la dernière fois, se lamente Liz. Il en a pris ! Bon sang, Jon ! Ce n'est pas normal.

Mais je ne suis pas un chat normal ! Je suis le plus intelligent ! J'ai donc un cerveau qui pèse lourd. Logique, non ? Et puis, pour tout vous dire, je n'ai pas encore eu le temps de manger les deux barres chocolatées XXL que je tiens cachées dans mon dos, à l'intérieur

de Pooky, mon précieux nounours. Ça aussi, ça pèse sur la balance.

— C'est impossible ! s'exclame Jon. Je ne comprends pas. Je lui ai pourtant fait suivre ce régime à la lettre.

À la lettre, oui : P comme « pizza », L comme « livraison à domicile ».

— Et il n'a jamais protesté ? demande Liz.

— Ben non, répond Jon.

— Il doit manger en cachette, poursuit Liz. C'est évident.

Heureusement qu'elle n'habite pas à la maison. Je rigolerais moins.

— Jon, il faut que tu l'en empêches ! Que tu le surveilles !

Pendant que Jon et Liz discutent pour mon bien, j'ai bien dû perdre 500 grammes, enfin... disons qu'ils ont changé de place. Assis sur la table d'examen de Liz, j'ai en effet discrètement englouti l'une de mes barres chocolatées.

— Mais je ne peux pas être tout le temps derrière lui, explique Jon. J'ai du travail.

Liz me regarde d'un air soupçonneux.

— Attends, dit-elle à Jon. Mais oui ! J'ai quelque chose qui devrait pouvoir t'aider.

Jon affiche un sourire intéressé. Le mien doit paraître un peu figé. Les solutions de Liz sont souvent... Comment dire ?

Piquantes. Je ne crois pas si bien dire : elle vient justement d'ouvrir l'une des portes de son grand meuble bleu. Celui où elle range ses seringues et ses aiguilles. Elle ne va quand même pas me faire une piqûre ?! Ouf. C'est une sorte de robot que Liz vient de sortir du placard. Une seringue de cette taille et je posais mon veto. Vétérinaire, veto... Ce que je peux être drôle quand même.

L'objet est à mi-chemin entre une télévision et un grille-pain. J'espère qu'il prépare aussi le café. Mais j'ai comme un doute à ce sujet. Il a des bras et des jambes. Et dans une main gantée de blanc, il tient une sorte de caméra. Liz l'assoit à côté de moi sur la table d'examen.

— Un inventeur dont le chat était en surpoids a créé cette machine.

Je ne vois pas le rapport avec moi !

— Il l'a appelée « le matador de matous à moteur ».

Voilà un nom qui me donnerait presque envie de me mettre au régime…

— Le matador de matous à moteur ? demande Jon, qui ne comprend vite que lorsqu'on lui explique longtemps. Et ça sert à quoi ?

— Je vais te montrer, répond Liz.

Finalement, je veux bien une piqûre…

CHAPITRE 3

PAS UNE MIETTE

Liz allume son ordinateur. Le matador de matous à moteur redresse instantanément sa tête en forme de télévision. On voit alors apparaître le visage de Liz sur l'écran de son ordinateur. Comme s'il était en train de la filmer. Je commence à comprendre…

Liz ouvre un tiroir et en sort un collier. Il est tellement

moche qu'on pourrait presque croire qu'il s'agit d'un cadeau de Jon. Mais ce n'est pas *vraiment* un collier. Juste un cercle de caoutchouc auquel est accroché un boîtier gris, avec une antenne et deux petites lumières. Une rouge et une verte.

Liz s'approche de moi. L'air de rien, elle me passe autour du cou son abominable bijou de technologie. J'entends un petit déclic.

— Voilà, dit Liz à Jon. Le collier est verrouillé. À l'intérieur, il y a un système de surveillance. Une sorte de radar. Partout où Garfield ira, le robot le suivra. Et avec sa caméra intégrée, il te renverra instantanément les images de Garfield. Où qu'il soit et quoi qu'il fasse.

Même quand je vais aux toilettes ?!?

— Mais c'est génial, Liz ! s'exclame Jon.

Voyeur !

— Avec ça, je peux travailler

devant mon ordinateur tout en gardant un œil sur Garfield.

Un œil sur son travail, un autre sur moi ? Il va loucher à force.

— Je vais te donner une clé, répond Liz. Dès que Garfield aura perdu ses kilos en trop, tu pourras enlever son collier. Mais je vais quand même t'en fournir un de rechange. Au cas où...

— C'est de l'abus de pouvoir ! je m'écrie. C'est une violation de ma vie privée ! C'est... C'est de l'espionnage. J'appelle tout de suite mon avocat. Vous n'avez pas le droit de…

Oups. En m'emportant, j'ai un peu trop secoué Pooky. La seconde barre chocolatée que j'y avais cachée s'en échappe. Elle rebondit sur la tête du robot, puis atterrit par terre.

— Tu peux m'expliquer d'où vient cette barre chocolatée ? me demande Jon, visiblement agacé.

Il a tout vu sur l'écran de l'ordinateur de Liz. Malheureusement pour moi et pour l'économie des livreurs de pizzas à domicile, on dirait que cette machine fonctionne.

— Avez-vous quelque chose à

dire pour votre défense, monsieur Garfield ? me demande le robot espion d'une voix métallique.

— Hum. Tu veux qu'on partage ? je lui propose.

Jon se retourne et répond à la place du robot, par un froncement de sourcils qui veut clairement dire non. Liz éclate de rire. Même si elle n'a pas de pitié pour le chat de son fiancé, elle a au moins un peu d'humour.

En ce qui me concerne, si je ne trouve pas une solution, il ne va rien me rester à part mes yeux pour pleurer sur des assiettes de salade verte.

— Allez, on rentre ! dit Jon.

— Je crois que je vais rentrer à pied, je réponds.

Jon me regarde avec méfiance.

— Un peu d'exercice ne peut pas lui faire de mal, le rassure Liz, qui est de mon côté, pour une fois. Et puis, je vais le surveiller le temps que tu rentres. Appelle-moi quand tu seras arrivé ! Tu pourras prendre le relais.

— Très bien, répond Jon. Mais

n'oublie pas que tu es toujours au régime ! me dit-il. Et que tu ne dois rien manger entre les repas. Pas une miette !

— Pas une miette ! je répète en mimant, du bout des pattes, une fermeture éclair que l'on tirerait pour m'empêcher d'ouvrir la bouche…

CHAPITRE 4

ALERTE ORANGE !

Vous pensez que j'ai menti ? Vous avez raison. Mais les mensonges sont autorisés en cas d'urgence, non ? Et là, on veut m'interdire de manger entre les repas. Si ça ce n'est pas un cas d'urgence, alors je ne m'appelle plus Garfield et je n'embêterai plus jamais Odie. Et sans mentir, vous me voyez changer de nom et caresser Odie dans le sens du poil ?

En tout cas, si je rentre à pied, ce n'est certainement pas pour faire de l'exercice. C'est surtout qu'en ville, ce sera plus facile de semer ce vilain matador de matous à moteur. Je vais juste avoir besoin de ruser un peu...

Par chance, il se trouve que les délicieuses pizzas de Vito ne sont qu'à un pâté de maisons du cabinet de Liz. Je n'en ai pas mangé depuis au moins six bonnes heures. C'était ma dernière livraison clandestine. Maintenant, je vais pouvoir me servir à la source ! Je dois cependant rester incognito. Je ne sais pas où il se cache, mais je sens la présence du robot espion. Pas le choix : il me faut un déguisement.

J'entre en trombe dans un magasin de costumes pour y emprunter, sans demander, un chapeau d'agent secret et une paire de lunettes de soleil. Je les rapporterai dans cinq minutes. Ou alors dans dix pizzas. Quand j'ai faim, je perds toute notion de temps. Et comme j'ai toujours faim, je ne sais jamais quelle heure il est. C'est pour ça que je fais souvent la sieste. Pour oublier que j'ai faim. En un sens, on peut dire que je suis au régime cinq fois par jour. Après le petit déjeuner, après le goûter du matin, après le déjeuner, après le goûter de l'après-midi, et après le dîner. Je devrais écrire un livre : *Faites la sieste, pas la diète.*

Trêve de confiseries. Euh. Je veux dire de plaisanteries. Me voilà devant chez Vito…

Un coup d'œil à droite, un coup d'œil à gauche, devant moi, derrière moi, par-dessus mes lunettes : aucune trace de l'espion. Je me demande où il peut bien se planquer. De toute façon, qui ne tente rien ne mangera rien.

Je pousse la porte de chez Vito.

Une assourdissante alarme retentit aussitôt. J'entends Vito s'époumoner :

— *Mama mia !* Alerte orange ! Garfield est ici ! Tous à vos postes ! Il faut protéger les pizzas.

Vito sort comme une tornade de son restaurant, brandissant sa pelle à pizzas. Faisons comme si de rien n'était...

— Quoi ? Garfield est ici ? Le célèbre Garfield ? Le plus beau chat qui soit ? je demande, en prenant un air étonné.

J'en fais peut-être un peu trop, là...

— C'est pas possible ? Je l'ai manqué on dirait. Où a-t-il bien pu passer ? Moi qui ai toujours rêvé de le rencontrer.

La plaque de bois de la pelle

de Vito est tout près de mon museau. Elle sent la pizza aux poivrons encore chaude. Je ne peux m'empêcher de donner un coup de langue dessus. Vito l'utilise pour soulever mon chapeau. Je suis démasqué !

— Oups ! Suis-je bête. Garfield, c'est moi ! j'annonce à Vito en affichant un sourire crispé.

Vito ronchonne un peu.

— Garfield ! dit-il. Si tu ne veux pas que j'appelle Jon, tu dois me promettre que tu ne voleras aucune pizza.

— Sur mon honneur de star internationale des chats, je te le jure.

— Bien, fait Vito.

La gentillesse de Vito le perdra.

Il s'écarte de mon chemin pour me laisser entrer. Je fonce alors à l'intérieur et ressors aussitôt avec des lasagnes que son commis de cuisine vient de sortir du four. Je l'entends vociférer derrière moi pendant que je m'enfuis. J'ai pourtant tenu ma promesse : j'ai volé des lasagnes, pas des pizzas.

— Espèce de pirate de la pasta ! Racaille de la ricotta ! Canaille du canelloni ! Sacripant du parmesan !

Il exagère. La semaine dernière, je lui en ai volé dix-sept. Plus deux kilos de tiramisu. Et il

n'a pas autant crié.

Mais, alors que mes vieux instincts de chat m'entraînent derrière une poubelle, dans une ruelle, l'endroit idéal pour savourer la meilleure nourriture au monde, une ombre surgit au-dessus de ma tour de lasagnes…

CHAPITRE 5

EN PLEINE POIRE

— Garfield, je suis très déçu, gronde la voix de Jon à travers l'écran de ce maudit matador de matous à moteur.

Moi aussi je suis très déçu. Je n'ai réussi à chaparder que huit parts de lasagnes !

— Je te faisais confiance pour respecter ton régime, poursuit

Jon. Si tu manges une seule part de ces lasagnes…

— D'accord, d'accord ! Inutile de me menacer. Je ne m'appelle pas Odie, j'ai compris.

Pris en flagrant délit, me voilà obligé de rapporter les lasagnes chez Vito. Suivi de près par le robot espion.

Nous passons la porte du restaurant et l'alarme se met à

sonner une nouvelle fois. C'est assourdissant d'être l'ennemi public numéro un des restaurateurs italiens.

Je dépose les parts de lasagnes et fais demi-tour. Vito me barre aussitôt le passage.

— Mais qu'est ce que tu fais ? me demande-t-il, apparemment contrarié. Pourquoi tu me rapportes mes lasagnes ?

Ces humains ne sont jamais contents ! Il faudrait savoir !

— Qu'est-ce qui ne va pas ? Les lasagnes de Vito ne sont plus assez bonnes pour toi ? Ça me fait beaucoup de peine, tu sais, Garfield.

Et moi donc !

— C'est pas grave, dit le livreur. C'est juste un chat qui refuse de manger.

— Mais ce chat, c'est comme un ogre, s'affole Vito. S'il ne veut plus de mes lasagnes, personne n'en voudra. Je vais devoir changer la recette !

Ce régime commence sérieusement à m'énerver. Ce n'est pas ma faute si le monde est rempli de tentations. On voit des publicités à la télévision pour des beignets, du pop-corn spécial micro-ondes et des raviolis aux crevettes grosses comme des baleines ! Mais si Jon me voit manger un seul de ces petits concentrés de calories, ça va être ma fête. À moins que ? À moins que je ne parvienne à faire en sorte qu'il ne me voie pas…

Avant que j'entre chez Vito, le robot espion me suivait discrètement. Maintenant qu'il ne me lâche plus d'une semelle, visible comme la langue d'Odie au milieu d'une colonie de grenouilles et de caméléons, je peux peut-être le semer… C'est parti pour un petit *sprint* !

— Tu peux toujours courir, Garfield, me lance Jon, très en colère. Tu ne m'échapperas pas.

Le robot espion, guidé par Jon, se met à me pourchasser. Il est juste derrière moi.

Quand je dévie à droite, le robot espion dévie à droite.

Quand je dévie à gauche, il dévie à gauche. Il me suit comme mon ombre ! Mais ça me donne une idée.

J'aperçois une boîte aux lettres. Il va falloir la jouer serré.

À dix centimètres de la boîte, je dévie à nouveau sèchement sur la droite. Le robot n'a pas le temps de corriger sa trajectoire et se la prend en pleine poire. Bien joué, Garfield !

Arrivé au coin de la rue, je cours encore quelques mètres, puis je me cache derrière une camionnette stationnée au bord de la route. Pfiou. Quelle course ! Et ce trottoir qui n'en finissait pas. J'ai fait mon exercice de l'année, là ! Voire de l'année prochaine…

Mais ça a marché ! J'ai semé ce sale espion. Je l'ai même assommé. Jon ne croyait quand même pas qu'un vulgaire tas de ferraille pourrait m'obliger à faire un régime. Gloire à moi ! Gloire à… Et mais… C'est une camionnette de glacier que je vois, là-bas ! J'ai bien besoin de me rafraîchir.

— Mettez-moi une boule de chaque parfum, s'il vous plaît !

Non ! Réflexion faite, mettez-moi plutôt deux boules de chaque parfum, je commande.

— Hem, hem, j'entends marmonner la voix de Jon derrière moi.

On dirait que le tas de ferraille est plus résistant que je ne le pensais…

CHAPITRE 6

JE PARS EN VOYAGE

Sans me retourner, je demande au glacier de garder au frais mes cornets bien garnis, et je reprends aussitôt ma course folle. Sur mon chemin, je croise un vendeur de hot-dogs. Il est justement en train d'en préparer un. Je l'attrape au passage et file me cacher dans les égouts. Ça sent un peu mauvais mais au moins, le robot espion ne pourra pas m'y filmer. Il fait bien trop sombre.

— Détrompe-toi, Garfield ! me répond aussitôt la voix de Jon.

À croire qu'il lit dans mes pensées !

Nom d'une olive non dénoyautée, je n'arriverai donc jamais à échapper à cette machine ! C'est à cause de ce collier de malheur...

Il faut pourtant que je trouve une solution. Mon estomac devient intenable : il fait davantage de bruit qu'une colonie de grenouilles.

Je sors des égouts comme un diable de sa boîte et reprends ma course en sens inverse.

Je croise à nouveau le vendeur de hot-dogs et lui redonne son sandwich en passant. Il est froid, maintenant, de toute façon.

Tout en courant, je tire dans tous les sens la cordelette qui me serre le cou, pour tenter d'en détacher l'émetteur. Mais elle ne cède pas.

Soudain, j'aperçois une peau de banane. Sans même réfléchir, je saute par-dessus pour l'éviter. Mais en retombant sur mes pattes, emporté par mon élan, je fais un roulé-boulé acrobatique qui me mène droit dans un tas de détritus.

Des poubelles aux égouts, des égouts aux poubelles : je visite vraiment les bas-fonds de la ville aujourd'hui. Et le pire c'est qu'entre les vieux papiers et les cartons dans lesquels j'ai atterri, tout ce qu'il y a à manger, c'est une boîte d'épinards presque vide. Je me serais contenté d'un vieux bout de pizza rassis mais non, même pas. Oh mais !?!

Dans mon malheur, j'ai finalement eu de la chance : ma chute a été si brutale que le collier s'est détaché. Victoire !

Sans ce collier, notre espion de pacotille ne pourra plus me poursuivre. À la poubelle, le collier !

Bon. J'ai vu assez de déchets pour la journée. À moins que...

Minute ! Réfléchissons deux secondes. Jon a un collier de rechange. Si je jette celui-ci, il n'aura qu'à me mettre l'autre. Il doit pourtant bien y avoir un moyen pour qu'il laisse tomber cette idée de régime et me débarrasse lui-même de ce fichu robot.

Oh mais oui ! Je crois que je viens de le trouver, ce moyen.

Je vais le prendre par les sentiments.

On va vite voir si Jon tient vraiment à moi.

En route pour le port ! Je pars en voyage…

CHAPITRE 7

LE COUP DE GRÂCE

Pendant que je me dirige vers le port, j'entends Jon fanfaronner au téléphone avec Liz. Il a oublié de couper le micro du robot espion, qui me suit bêtement… Comme un petit chien. Oserais-je dire comme Odie ?

— Ça fonctionne à merveille, Liz. Je peux rester assis à mon bureau et m'assurer que Garfield ne mange pas entre les repas. J'ai déjà réussi à l'en empêcher trois fois !

Et on ne peut pas dire que ça m'enchante. Mais mangera bien qui mangera le dernier.

— Tiens, il est allé se promener sur la jetée, dit Jon d'un ton intrigué.

Le spectacle peut commencer. Un genou à terre, et la tête entre les mains… Il faut que j'aie l'air de souffrir. Il faut que ça fasse vrai. C'est pas que Jon soit du genre difficile à berner. Mais s'il est au téléphone avec Liz, elle va le mettre en garde et lui dire que je joue la comédie pour le faire craquer. Et elle aura bien raison. Sauf que je joue plutôt la tragédie.

— Ô malheur ! Ô désespoir ! Ô régime ennemi !

Je crois que j'ai oublié de mentionner ma peine.

— Ô malheur, désespoir et peine infinis !

C'est le rôle de ma vie. Faire un régime ou se faire plaisir, il faut choisir. Moi, inutile de vous dire que j'ai déjà choisi.

— Qu'ai-je donc bien pu faire

pour mériter cette infamie ? Des heures sans lasagnes. Des jours entiers sans boulettes de bœuf. Des nuits passées à rêver de nouilles chinoises. Je croyais que Jon m'aimait. Comment peut-il me torturer ainsi ?

— Je n'ai pas l'impression qu'il joue la comédie, Liz, s'inquiète Jon. Il semble vraiment très contrarié que je l'empêche

de manger ses plats préférés. Il a l'air de… souffrir.

C'est dans la poche. Et maintenant : le coup de grâce !

— Eh mais qu'est-ce qu'il fait ? se demande Jon, de plus en plus paniqué. Il se dirige vers l'embarcadère. Et il y a un paquebot amarré. Un énorme paquebot. Il vient de jeter un dernier regard derrière lui. Il a l'air… si triste ! Comme s'il allait quitter le pays !

Jon est à point. Il ne tombe pas dans le panneau, oh non : il fonce dedans tête baissée. Avec ce matador de matous à moteur à mes trousses, c'est le moment de dire *olé !* J'emprunte la passerelle d'embarquement.

— Liz, je t'assure, il monte sur le bateau.

Sauf que, cette fois, j'ai bien calculé mon coup.

Quelques secondes après que je suis monté sur le pont, la passerelle se détache du bateau. Le robot espion ne peut plus m'y suivre. Il est coincé à quai. Et il tourne en rond. Comme Odie lorsqu'il essaie de se mordre la

queue. Odie et ce stupide robot ont décidément beaucoup de points communs…

— Garfield est à bord du paquebot ! j'entends Jon hurler. Et le paquebot largue les amarres. Le paquebot s'en va. Garfield s'en va ! Il part dans un autre pays ! Je dois absolument l'arrêter !

Le tour est joué ! Je ferais mieux de descendre avant le départ. Et d'abandonner ce collier de malheur. Quant à Jon, il devrait être là d'ici quinze minutes à peu près.

CHAPITRE 8

JE NE VOUDRAIS PAS ABUSER

Ah ! J'entends un crissement de pneus ! Jon a dû mettre un sacré coup de frein. Caché derrière une caisse, je penche la tête pour vérifier : c'est bien lui. Il sort de sa voiture en catastrophe. Le paquebot est déjà loin. Laissons-le s'angoisser encore un moment.

Pendant qu'il se renseigne, je vais m'installer dans la voiture.

Et manger un peu. Juste une petite dizaine de sandwiches au saumon fumé, avec beaucoup de beurre. C'est tout ce que j'ai pu trouver, on est au bord de la mer, il ne faut pas l'oublier... Mais j'ai vraiment besoin de reprendre des forces.

Tout en mettant des miettes un peu partout sur la banquette arrière, j'écoute Jon qui bom-

barde de questions un marin resté à quai.

— Ne me dites pas que le bateau est déjà parti ? Mon chat est à bord !!! Faites-le revenir !

— Désolé, monsieur. Vous arrivez trop tard. Le paquebot pour Tokyo est déjà parti.

— T… T… Tokyo ?! Au Japon ?! C'est vrai qu'il adore les sushis au saumon…

Avec beaucoup de sauce.

Défait comme jamais, Jon revient vers la voiture. Il s'assoit sur le capot et téléphone à Liz.

— Il l'a vraiment fait, Liz.

Ah ça oui : je t'ai vraiment roulé dans la farine !

— Garfield est parti au Japon

et je ne le reverrai plus jamais. Il va tellement me manquer que je ne trouve pas les mots.

Mais si, voyons ! Cherche un peu. Creuse-toi la tête. Mon matou adoré, mon ami le chat, Garfield le magnifique, mon chat était un génie : il y a des tas de manières de dire à quel point je vais te manquer !

— Non, non ! dit Jon à Liz. On dîne quand même ensemble ce soir. Il faut que je me change les idées. Que j'arrête de penser à ma petite boule de gras.

Ma petite boule de gras… Hum. OK : rappelez-moi ce bateau !

— Tu sais, je ferais n'importe quoi pour le revoir, poursuit

Jon tout en se rasseyant au volant. N'importe quoi, vraiment ?

— Je ne le mettrais plus au régime. Et je lui donnerais tout ce qu'il voudrait.

— Ben tu vois quand tu veux ! je m'exclame du fond de mon siège. Commençons déjà par les beignets spéciaux au café et à la crème de chez Dave. Avec ton régime à la noix, j'ai manqué le petit déjeuner et c'est le repas le plus important de la journée. Et ce n'est pas Liz qui dira le contraire.

— Garfield !!!

Jon freine brusquement. Ça devient une habitude. Mais ça tombe bien : nous sommes justement devant chez Dave.

— Tu n'es pas parti au Japon ? Tu t'es encore moqué de moi ! Tu sais à quel point tu m'as fichu la trouille ? Tu sais ce que je devrais faire ? Je devrais… Je devrais… aller te chercher ces beignets.

Je le savais. C'est un bon maître

à son chat-chat, mon Jon. Il n'a pas inventé l'eau chaude, mais son principal défaut est aussi sa première qualité : il est trop gentil.

— Excellent ! je m'exclame, ravi de retrouver mes bonnes vieilles mauvaises habitudes alimentaires. Et sur le chemin du retour, on pourrait s'arrêter chez Vito pour prendre quelques pizzas. Et je ne voudrais pas abuser,

mais si on pouvait faire un petit détour par *L'empire du poulet*, ce serait parfait. Il ne faudrait pas oublier ma glace de tout à l'heure non plus. Et puis j'ai une livraison du traiteur chinois en attente. Et aussi…

CHAPITRE 9

ON EST LES MEILLEURS

La nuit est tombée. Jon a mis son plus beau costume. Et même une cravate. Le gilet orange que je lui ai offert est du plus bel effet. Être assorti à son chat, c'est trop la classe, non ?

— Tu es sûr que tu as assez de réserves pour te débrouiller pendant que je vais dîner avec Liz ? me demande-t-il. Sinon, je peux te préparer quelques parts de lasagnes en plus.

Jon est vraiment trop gentil. Il culpabilise encore d'avoir failli me perdre, alors que je n'ai jamais eu l'intention de partir et qu'il n'a pas tout à fait tort de vouloir me mettre au régime. Cela dit, avec les kilomètres que j'ai parcourus aujourd'hui pour échapper au robot espion, j'ai dû les perdre en cours de route, ces kilos en trop.

— Non, non, ne t'inquiète pas, je le rassure, confortablement installé devant la télé. File, sinon tu vas encore être en retard. Il y a une émission que je ne voudrais surtout pas manquer.

Et c'est toi la star, Jon. Eh, eh, eh.

— Je serai de retour vers dix heures, lance Jon en réajustant une dernière fois sa cravate.

J'en profite pour glisser dans la poche de sa veste le second émetteur. Il l'avait oublié près du téléphone. C'est quand même pratique, d'avoir un maître aussi tête en l'air. On va bien rigoler.

— À tout à l'heure, lance-t-il en sortant.

Je dirais plutôt : à tout de suite...

Tiens ! Voilà Odie. Il m'a presque manqué, aujourd'hui. J'aurais pu l'envoyer en voyage à Tokyo. Loin des yeux, loin du cerveau. Même si le sien est plus vide qu'un trou d'air, ça m'aurait fait des vacances. Et sa part de dessert à tous les repas.

— Salut, mon pote ! Allez,

viens avec moi ! On va s'installer en haut pour regarder ma nouvelle émission préférée. Elle passe sur l'ordinateur…

Chacun dans notre domaine, Jon, Odie et moi sommes les meilleurs. Je suis le chat le plus intelligent au monde. Odie est le chien le plus stupide. Et Jon l'être humain le plus maladroit. Un spectacle à lui tout seul ! Grâce au robot espion, je vais pouvoir assister au dîner de Jon et Liz comme si j'y étais. Et croyez-moi, à part moi et mes blagues, il n'y a rien de plus drôle que Jon au restaurant avec une fille !

Ah ! Ils sont allés chez Vito. Si

j'avais su, je lui aurais demandé de me rapporter une dernière pizza. Alors. Qu'est-ce qu'ils ont commandé ? Une escalope milanaise avec des légumes pour Liz, des côtelettes d'agneau grillées pour Jon. Miam.

— J'ai tout essayé pour lui faire perdre du poids, dit-il à Liz. Mais tu sais bien que Garfield…

— Oui, je sais, le coupe Liz. Oublions ça. Tu veux bien me servir à boire s'il te plaît ?

C'est maintenant que ça devient marrant.

Jon se lève pour servir Liz. Il pose accidentellement sa main dans son assiette de côtelettes.

Surpris, il oublie qu'il tient la carafe d'eau de l'autre main et la laisse échapper. Elle retombe violemment sur la table avant de se renverser sur la robe de Liz.

— Oups ! fait Jon. Attends, je vais t'essuyer ça.

En voulant prendre une serviette, Jon manque de faire tomber son verre. Il le rattrape de justesse mais en se redressant pour le brandir, fier de son réflexe, il fait tomber sa chaise en arrière et du coup, au lieu de se rasseoir, s'effondre à son tour par terre. Dans sa chute, ses pieds cognent le dessous de la table. Le choc envoie valdinguer le flacon de ketchup et une côtelette d'agneau. Le ketchup atterrit sur la robe de Liz. La côtelette dans les cheveux de Jon.

— Tu sais où est passée ma côtelette d'agneau ? demande-t-il à Liz en se redressant.

— Elle est dans tes cheveux, grand nigaud ! Et tu as mis du ketchup partout sur ma robe !

— Ça tache moins que la moutarde que j'avais renversée la dernière fois… Non ?

Il est très en forme ce soir. Le plus grand comique de tous les temps, c'est lui ! Bon, maintenant qu'on a bien ri, on peut manger.

— Hé ! Odie ! Tu as faim ?

Odie hoche la tête.

— Eh bien alors : va te chercher un os à ronger dans le jardin !

Niark, niark, niark. À la fin, c'est toujours moi qui mange…

FIN

ENCORE UNE ENVIE DE LASAGNES ?

TOURNE VITE LA PAGE POUR RETROUVER GARFIELD !

GARFIELD
REVIENT BIENTÔT DANS UNE NOUVELLE AVENTURE :
ATTENTION, CHAT FANTÔME

Pour se « concentrer sur son travail » Jon nous emmène dans une maison de campagne. Y a rien à manger par ici ! Y a même rien du tout, à part un chat fantôme. Ça tombe très bien, ça : il veut chasser Jon, et moi je veux partir. Je suis sûr qu'on va bien s'entendre !

POUR CONNAîTRE LA DATE DE PARUTION DE CE TOME, INSCRIS-TOI À LA NEWSLETTER DU SITE :

WWW.BIBLIOTHEQUE-ROSE.COM

TU AS DÉVORÉ
TOUTES LES AVENTURES DE
GARFIELD ?

L'ATTAQUE DES LASAGNES

C'EST LE MONDE À L'ENVERS !

ODIE EST AMOUREUX

PIZZAS EN DANGER !

QUI VEUT LA PEAU DE POOKY ?

TOUT EST BON DANS LE DINDON !

LA CHASSE EST OUVERTE !

RETROUVE VITE TA SÉRIE PRÉFÉRÉE EN BD
GARFIELD
& Cie
france 3
LUDO.
programme
francetélévisions
LES NOUVELLES AVENTURES
DU PLUS FOU DES MATOUS !
GARFIELD & Cie
5. Quand les souris dansent !
DARGAUD
GARFIELD & Cie
6. Maman Garfield
DARGAUD
DARGAUD
www.dargaud.com

TABLE

« Pour l'éditeur, le principe est d'utiliser des papiers composés de fibres naturelles, renouvelables, recyclables et fabriquées à partir de bois issus de forêts qui adoptent un système d'aménagement durable. En outre, l'éditeur attend de ses fournisseurs de papier qu'ils s'inscrivent dans une démarche de certification environnementale reconnue. »

Imprimé en Imprimé en Roumanie par G. Canale & C. S.A
Dépôt légal : mai 2011
20.20.2392.7/01– ISBN 978-2-01-202392-5
Loi n° 49956 du 16 juillet 1949
sur les publications destinées à la jeunesse